FAITS RELIGIEUX

DE

L'ARMÉE D'ORIENT.

INTRODUCTION.

I.

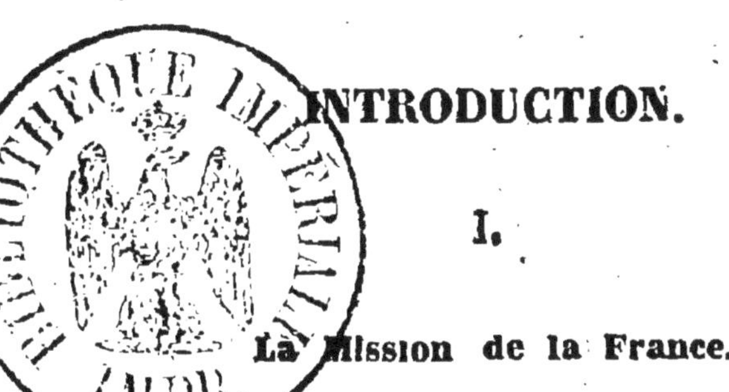

La Mission de la France.

Notre époque est une des plus grandioses de l'histoire. Jamais l'action de la Providence n'avait paru avec autant d'éclat que de nos jours ; jamais on n'avait vu d'aussi près la main qui préside aux destinées du monde ! L'imprévu est un des secrets que Dieu s'est réservés pour convaincre les plus incrédules de son action, et l'imprévu est à l'ordre du jour depuis près d'un siècle. Mais la nation française tient toujours le premier rang dans les manifestations du ciel *dont elle rappelle le beau royaume, ici-bas.* Elle est la plus ancienne et la plus profondément chrétienne ; et pour avoir établi, plus qu'aucun autre peuple, le règne de Dieu sur la terre, la Providence l'a couronnée de gloire et d'honneur.

L'antique empire appelé très-chrétien a été formé par

1857

les évêques, *comme la ruche l'est par les abeilles.* C'
le soldat privilégié, le peuple de Dieu des temps m
dernes, sauvé tant de fois par d'éclatants miracles,
strument favori de la Providence pour conduire à ses
l'humanité, *gesta Dei per Francos.*

Le peuple français est un peuple missionnaire,
tholique dans son but, dans ses tendances, dans son
ractère et dans son histoire. La foi lui donne l'imp
sion et il la conserve ; elle l'anime et le dirige, souv
même à son insu et bien plus qu'il ne le pense lui-mêi

Aussi la France est-elle comme la seconde patrie
tout le monde, même de ses ennemis qui parlent sa l
gue et nous accompagnent d'une secrète sympathie, 1
en nous combattant.

L'opprimé fait appel à l'ardente générosité qu'elle
inspirer à ses enfants. Le génie vient lui demande
sanction de son autorité et le baptême de sa gloire.
parole retentit partout, elle donne le mot d'ordre à l
manité qui le répète avec acclamation ; et fût-elle vain
matériellement, notre nation serait encore victorieuse
les idées qui doivent lui soumettre le monde.

Ses fautes mêmes sont les erreurs d'un bon co
et les abus de quelque vérité : Dieu semble prendi
tâche de les réparer lui-même.

La France va donc rendre à l'Orient la lumière d
foi qu'elle a reçue de lui, et reconquérir en même te
son antique influence. *France* et *christianisme* s
synonymes dans l'esprit des peuples orientaux, et il

doit être ainsi. L'intérêt de son avenir et l'honneur de son passé l'exigent pour notre nation.

Sans rappeler les évènements de notre histoire, sans même remonter aux triomphes de l'empire, quel honneur dans cette conquête d'Alger qui est parvenue à ensevelir la piraterie dans son repaire, là où avaient échoué tant de héros ! La guerre d'Alger, longue campagne de plusieurs années, a été pour nos armes une glorieuse école de la victoire. La France a tiré de là une partie de sa supériorité sur ses alliés et de ses succès contre les Russes qu'elle avait initiés à sa tactique par les victoires du premier empire.

Pacifier l'Espagne, délivrer la Grèce, ne sont qu'un épisode des triomphes de la patrie. Et voilà qu'elle rétablit à Rome le trône pontifical d'où rayonnent tant de bienfaits sur l'univers. Elle fait revivre, au XIX⁰ siècle, les merveilles de Charlemagne, après avoir étouffé le germe d'anarchie qui allait grandir pour la dévorer en ébranlant les fondements de l'ordre social.

Mais voilà qu'une lutte gigantesque de la civilisation chrétienne contre la barbarie lui ouvre la voie pour de nouveaux triomphes. Le peuple français, toujours chevalier, va défendre ses anciens ennemis et les gagner à la civilisation par son alliance, bien plus qu'il ne pourrait le faire aujourd'hui par la guerre. Les acteurs de ce grand drame sont dignes de la pensée qui les inspire et les conduit. Avant de les voir à l'œuvre, rappelons quelques traits de leur physionomie morale, donnons le mot de leur mission et le secret de leur vertu.

II.

Le soldat chrétien.

C'est d'abord le guerrier moderne qui se présente comme une des plus belles créations de l'esprit chrétien.

« Il est bon, généreux, sincère ; il est pauvre et désintéressé. Il s'en va à travers le monde, secourant partout les affligés et défendant la société. Il a l'honneur et la bravoure, et il ne se mesure pas par la grandeur du corps, mais par la force de l'ame. Le plus faible soldat ne tremble jamais devant l'ennemi ; et fût-il certain de recevoir la mort, il n'a pas même la pensée de la fuite. Enfin, il est toujours plein de modération et de douceur. » (*Chateaubriand.*)

« Placez le soldat chrétien dans quelque péril, dans quelque circonstance que ce puisse être, vous le trouverez également tranquille, également soumis, également ferme et déterminé. La voix de Dieu l'appelle, son ordre le décide, sa parole le rassure, son secours le fortifie, sa présence l'anime et l'embrase d'une héroïque ardeur. Un soldat du Dieu vivant marche toujours en sa présence. Ce n'est point le tribun, ce n'est point le centurion qu'il redoute, c'est l'œil de l'être supérieur ; cet œil si vif, si pénétrant, qui le voit en tout temps, qui le suit en tous lieux ; c'est ce témoin incorruptible qui

déposerait de sa fuite, ce juge inexorable qui le puni-
rait de sa lâcheté....

» Dieu préfère l'obéissance au sacrifice ; affronter la
mort pour lui plaire, c'est la marque la plus pure d'un
cœur contrit et l'offrande la plus puissante sur le cœur
d'un Dieu irrité. Le soldat couvert de son sang répandu
pour la patrie et pour ses frères, peut paraître devant
Dieu avec une noble confiance. » (*Mgr de Noé.*)

Nul doute qu'il n'y ait au ciel une récompense particulière pour celui qui meurt sur un champ de bataille,
voué à la défense de la patrie et en état de grâce.

« L'ame du soldat vraiment chrétien, dit un auguste
Prélat, est escortée par les anges jusqu'au trône céleste.
Ces beaux compagnons portent des symboles empruntés
à la guerre, pour représenter plus vivement les vertus
du noble défunt. Une voix, partie des hauteurs, demande si c'est bien le héros qui n'a pas donné sa chair
et son sang pour des intérêts grossiers.... qui les a
donnés vaillamment pour la chair et le sang du Christ,
principe et soutien de la civilisation chrétienne. L'ame
radieuse répond affirmativement. Alors les trois personnes de la sainte Trinité lui disent, chacune à son tour,
de douces paroles. S'il reste à cette ame quelques taches
légères retardant son admission immédiate dans la gloire
immaculée, la miséricorde divine est hâtée de les faire
disparaître : de ce côté, les supplications de l'Eglise ont
une faveur, une efficacité plus rapide. Déjà Dieu se
laisse lier d'un lien particulier d'amour envers le soldat

coupable, à cause du divin métier qu'il pratique; sa miséricorde le protége, sa justice se fait patiente à son égard... Quelles ne sont pas la miséricorde et les sollicitudes de Dieu envers le soldat tombé fidèle, qui n'est empêché d'entrer dans la lumière que par les imperfections inhérentes à la fragilité humaine ! » (*Mgr de Tulle.*)

Voilà la gloire, le couronnement véritable du guerrier chrétien, tandis que tous les honneurs d'ici-bas ne sont qu'un péristyle inachevé, un faible reflet, une ébauche de la vraie gloire qui est celle du ciel. « Mais pour nous incliner devant un militaire, nous n'avons besoin ni d'avoir lu son nom dans un bulletin, ni de voir briller sur sa poitrine le signe de la valeur ; il nous suffit de savoir que cet homme vit, souffre et meurt pour assurer à ses concitoyens la tranquillité, la liberté et les mille avantages sérieux dont lui-même se prive. Notre cœur est toujours ému quand nous rencontrons la tombe d'une de ces obscures victimes de ce qu'il y a de plus grand après l'amour de Dieu et du genre humain, de l'amour de sa patrie et de ses compatriotes. Le soldat a l'ame *naturellement chrétienne.* Doué d'un sens d'autant plus droit qu'il est moins faussé par la demi-science, formé à l'amour de l'ordre, il est désintéressé et dévoué à tout ce qui est grand et généreux. De fait y a-t-il rien de si près du royaume des cieux qu'un vieux militaire rentrant dans ses foyers ? » (*L'Abbé Martinet.*)

Mais le chrétien est aussi soldat, car il est ici bien placé sur la terre d'épreuves pour *servir* Dieu et conquérir le ciel. La vie de l'homme est un combat perpétuel dans toutes les situations de la vie, dans toutes les carrières qui forment l'harmonie sociale. Il faut nécessairement combattre sous la bannière du Christ ou sous les étendards du démon. L'un mène à la gloire céleste par un chemin qui n'a de rude que l'apparence. L'autre conduit à l'éternel abîme *où il n'y a pas d'espérance*, par une voie semée de fleurs, mais couverte d'épines en réalité. Un saint religieux qui fut un brave soldat et fondateur d'un Ordre illustre, d'une milice spirituelle qui a fait ses preuves, a donné, sous le titre *Des deux Etendards*, une méditation célèbre qui a enrôlé dans les rangs du Christ bien des ames incertaines de leur voie. Remarquez-le bien : le chrétien et le soldat ont pour signe d'honneur, la croix ; elle rappelle *l'ordre*, et n'est le signe de la gloire que parce qu'elle est le signe du sacrifice et de l'épreuve *élevés à la plus haute puissance*.

La patrie est l'ame de tous les citoyens, elle préside à leurs destinées terrestres; mais elle a au-dessus d'elle la religion, *ce capital de la vie humaine*, patrie des ames, leur premier devoir, leur premier intérêt, leur première dignité, leur premier titre ; lien d'amour, base des sociétés, première cause de leurs mouvements, source de ce bonheur qui doit commencer ici-bas pour s'achever dans le ciel,

III.

Le prêtre et le religieux.

A côté du guerrier vient se placer le prêtre, *son aumônier*, le ministre de Dieu, « l'ami, la providence vivante de tous les malheureux, le consolateur de l'affligé, le défenseur de quiconque est privé de défense, l'appui de la veuve, le père de l'orphelin, le réparateur de tous les désordres et de tous les maux qu'engendrent les passions et les funestes doctrines. Sa vie entière n'est qu'un long et héroïque dévouement au bonheur de ses semblables. » (*De Lamennais.*)

« Un chrétien touche à ses derniers moments ; il va mourir et peut-être d'une maladie contagieuse : n'importe. Le bon Pasteur ne laissera point expirer sa brebis sans adoucir ses angoisses, sans l'environner des consolations de l'espérance et de la foi, sans prier à ses côtés le Dieu qui mourut pour elle et qui lui donne, en cet instant même, dans le sacrement d'amour, un gage certain d'immortalité.»

Remarquons-le bien : le prêtre est libre dans son dévoûment, et celui-ci est d'autant plus méritoire qu'il est plus obscur, plus isolé, et n'attend pas les récompenses terrestres.

Tantôt le prêtre va porter au loin à des inconnus, et au péril de sa vie, la foi qui est aussi le germe de la civilisation véritable ; tantôt il accompagne le soldat sur le champ de bataille pour lui ouvrir le ciel et lui conserver l'espérance au milieu des horreurs de la mort ; tantôt il se précipite entre ses frères ennemis pour arrêter, par l'effusion de son propre sang , celui de ses enfants.

Partout il rappelle à celui qui est loin de ses foyers, la famille et la patrie. A la vue du prêtre, le soldat voit apparaître le clocher de son village, et le souvenir de sa mère vient émouvoir doucement son cœur. Chose admirable ! c'est de la classe des cultivateurs, vouée à nourrir la patrie, que sortent à-la-fois le plus grand nombre de ses défenseurs et le plus grand nombre de ceux qui lui rompent le pain de cette parole qui nourrit, éclaire et fortifie les ames !

« Il y a un lien puissant entre ces deux professions du prêtre et du soldat qui paraissent si contraires.

» Ni l'un ni l'autre ne vit pour la famille ; pour l'un et pour l'autre la gloire est dans l'abnégation, dans le sacrifice. La charge du soldat est de veiller à l'indépendance de la société civile ; la charge du prêtre est de veiller à l'indépendance de la société religieuse. Le devoir du prêtre est de mourir, de donner sa vie comme le bon Pasteur pour ses brebis ; le devoir du soldat est de donner, comme un bon frère, sa vie pour ses frères. Si vous considérez l'âpreté de la vie du prêtre, le sacerdoce vous paraîtra, et il est en effet, une véritable milice. Si vous considérez la sainteté du ministère du soldat, la milice vous paraîtra comme un véritable sacerdoce. Que deviendrait le monde, sa civilisation, l'Europe , s'il n'y avait ni prêtre ni soldat ! » (*Donoso Cortès.*)

L'un et l'autre se privent de mille avantages sociaux pour les assurer à leurs frères. L'un a pour mission de repousser l'ennemi extérieur, et l'autre de combattre cet ennemi intérieur, d'autant plus dangereux qu'il est toujours présent en chacun de nous.

Le prêtre est le guide naturel et l'auxiliaire le plus puissant de la conscience, l'interprète de Dieu auprès des hommes, celui des hommes auprès de Dieu.

L'ordre, qui comprend aussi la liberté, résulte de cette alliance du prêtre et du soldat. Leur *service* maintient l'*ordre* social, par la discipline qui est aussi l'ame de l'ordre, l'image de l'harmonie, l'instrument de la victoire, le moyen de l'union, de la paix et de la force.

A côté du prêtre, il y a le religieux qui fait une profession plus particulière encore du dévoûment et de la perfection.

Un jour, c'était le soir, l'abbé Faivre faisait le catéchisme aux enfants d'un régiment qui se préparaient au grand acte de la vie, celui de la première communion, dont le jour était pour Napoléon plus beau que celui de ses victoires. C'était dans la chapelle d'un *ordre* religieux de femmes. Tout-à-coup une lente psalmodie se fait entendre dans une tribune écartée et semble exciter l'étonnement des enfants. « Mes amis, leur dit le prêtre, vous avez entendu quelques fois retentir au milieu de la nuit ce cri sinistre : au feu, au feu. La ville est plongée dans le sommeil, sous la garde de vos frères, de vos pères, de vos amis ; à l'instant tous partent à la hâte, et ne reviennent à la caserne prendre un **peu de repos** que lorsque l'incendie a cessé ses ravages. Eh bien ! il y a un autre feu que le feu matériel, pour dévorer les hommes, c'est celui des passions qui nous plongent dans un feu bien plus terrible encore, si nous ne l'étouffons. Mais c'est surtout pendant la nuit qu'il exerce ses ravages. Ces saintes filles que vous entendez ont pour mission d'apaiser ce feu par leurs prières, d'arrêter la vengeance divine prête à frapper ; et leur *influence*, pour être cachée aux yeux des hommes, n'en n'est pas moins puissante auprès du Dieu tout-puissant qui se laisse fléchir par la prière. »

Le religieux expie et prie pour le coupable ; le bien qu'il opère est le contre-poids du mal qui se fait dans le monde, auprès de la justice divine. Mais si la vie contemplative est belle, la vie active du religieux n'est pas moins admirable, et il trouve dans la première la force et le secret de la seconde.

IV.

La sœur de charité.

Rappellerons-nous donc ici les exemples sublimes donnés par les *Sœurs* de Saint-Vincent-de-Paul, toujours prêtes à s'immoler pour sauver leurs frères, pour panser toutes les blessures de l'ame et du corps !

Ces humbles servantes de Dieu et des affligés semblent personnifier la charité dont elles donnent une si admirable idée ; car elles vont puiser celle qui les anime dans le sein même de la Divinité.

Il y avait autrefois des ordres religieux et militaires qui firent des prodiges dans le monde, par l'alliance de la foi, du courage et de la charité. Nos soldats et nos Sœurs de Charité renouvellent aujourd'hui ces prodiges.

V.

La mission de la guerre.

La guerre actuelle est religieuse dans ses causes. Elle a eu pour prétexte les empiètements religieux de la Russie schismatique qui devaient être les préludes de ses empiètements politiques. Les Russes ne s'y trompent pas, et elle est pour eux une guerre sainte.

C'est la religion qui fait les civilisations et les nationalités. Il y a au fond de toute guerre, de toute politique, une question religieuse que le vulgaire peut bien ne pas apercevoir ; mais à travers les marches, les contre-marches, les intérêts et les variations de la diplomatie, le penseur chrétien saisit quelques-uns des traits de la politique du Dieu qui dirige tout ici-bas, pour le bien de ses élus et le triomphe de son Eglise. Il voit dans les traités et au milieu des évènements l'action providentielle ; partout il la saisit dans les actions humaines :

pour lui *l'homme s'agite, mais Dieu le mène toujours.*

La guerre sans doute est un fléau redoutable, et ce n'est pas le moins lourd de l'héritage laissé par nos premiers parents ; mais Dieu sait tirer le bien du mal. Par la guerre, Dieu punit et il éprouve ; il retrempe les caractères affaiblis dans les loisirs d'une longue paix ; il ramène à lui et aux pensées éternelles ; il régénère les ames appesanties ; il les détache de la terre et les élève au ciel ; il dissipe les préjugés qui se répandaient sur la vérité comme d'obscurs brouillards.

Et voyez encore quelle magnifique alliance dans la guerre nous présage la paix ! L'Angleterre, jadis l'*île des saints*, accueillit nos prêtres exilés par la persécution du dernier siècle. Sa charité sera récompensée par les fruits que la vérité a produits sur la terre d'exil.

Aujourd'hui elle donne la main à la France, à la nation catholique, comme autrefois pour la croisade.

Le Turc vient à nous, saisi d'admiration à la vue de ces vierges qu'il croit descendues des cieux, tant leur dévoûment lui paraît au-dessus de l'humanité. En même temps il se vivifie au contact de notre armée, et en adoptant nos usages, il reçoit le germe de la civilisation chrétienne. Le protestant ne peut élever son dévoûment à la hauteur d'une institution comme celle de nos Sœurs de charité, et il reconnaît son infériorité tout en se rapprochant de notre foi. La charité prouve la foi, la foi inspire la charité. En diminuant la foi à la vérité, l'hérésie a diminué par là même la charité. Voilà donc une croisade pacifique, un *libre échange* de sentiments, qui ramènera plus d'un disciple de l'erreur par l'exemple des vertus que la foi seule peut inspirer, et qui dirige souvent à leur insu par son influence, plus d'un homme qui paraissait déshérité de cette foi.

Le Russe lui-même, par ses prisonniers et par les nôtres, subira une influence salutaire, et le contact armé de tant de nations qui *semble les broyer*, pourrait bien contribuer à les unir un jour, dans les régions plus élevées des intérêts éternels et de la patrie des ames.

Dieu le veut! Dieu le veut! qu'il nous soit donc encore permis de pousser ce cri de nos pères, car il doit les réjouir dans la tombe !

« Vive le Christ, il aime les Francs! Qu'il conserve l'empire, qu'il remplisse nos chefs des lumières de la grâce, qu'il protége notre armée, qu'il nous donne le mérite de prouver notre foi, qu'il nous accorde les joies de la paix et de l'éternelle félicité, et que Jésus-Christ, le chef de nos chefs, nous fasse la grâce d'être pieux ; car nous sommes cette nation brave et forte qui a rejeté loin d'elle le dur joug des Romains, et qui, après avoir reçu le baptème, a somptueusement orné d'or et de pierres précieuses les corps des saints martyrs, que les hommes avaient brûlés par le feu, mutilés et massacrés par le fer, et fait déchirer par les bêtes. »

A cette belle prière, tirée du prologue de la loi salique, ajoutons celle que l'Eglise adressait à Dieu pour la France, dès le IXe siècle.

— 15 —

« Dieu tout-puissant et éternel, qui avez constitué l'empire des Francs pour être l'instrument de votre divine volonté sur la terre, le glaive et le bouclier de votre sainte Eglise, nous vous en prions, que votre céleste lumière guide toujours et partout les fils des Francs prosternés devant vous, qu'ils voient ce qui doit être fait pour établir votre règne dans ce monde, et rendez-les puissants pour accomplir vos vues par la persévérance du courage et de la charité. »

Non, ce n'est pas en vain que Jérusalem étonnée revoit de nombreux pèlerins dans ses murs désolés; ce n'est pas en vain que le Saint-Siége et les nations catholiques établissent de bons rapports avec la Turquie, et que l'œuvre *des croisades* paraît prête à s'achever : la croix que la France porte en Orient doit y rester. Ce n'est pas en vain que la rapidité des communications favorise le rapprochement des intérêts et des idées, pour le succès de la vérité.

Ce n'est pas en vain que triomphe de nouveau la Vierge immaculée, celle que l'Eglise appelle : *Alma Redemptoris Mater : terrible comme une armée rangée en bataille pour exterminer les hérésies.* Marie n'est-elle pas aussi ce *fleuve impétueux qui réjouit la cité de Dieu* en portant la fertilité dans son sein ! Ce pacifique triomphe de la Vierge immaculée sera le gage de nouveaux triomphes pour l'Eglise, comme le fut pour nos armes la victoire de l'*Alma.*

Ce n'est pas en vain que les fêtes de Marie sont aussi les dates de nos victoires.

Et quel sujet d'espérance dans ces prières communes de peuples ennemis qui se croisent au pied du trône de la douce Mère des hommes ? Peut-être notre âge est-il destiné à renouer l'alliance spirituelle de l'Orient avec l'Occident, alliance nouvelle dont saint Bonaventure, au concile de Lyon, posait les premières bases, il y a six siècles.

Non, ce n'est pas en vain qu'Alexandre Ier s'est prosterné aux pieds du saint prêtre Alexandre de Hohenlohe, et qu'il est mort catholique.

Ce n'est pas en vain que notre foi compte des martyrs en Pologne et en Russie.

Ce n'est pas en vain que Nicolas Ier est venu se prosterner à son tour à Rome aux pieds des saints apôtres, et que son fils Alexandre II favorise l'émancipation des fidèles.

Ce n'est pas en vain que l'Angleterre et l'Allemagne comptent dans leur sein de nombreuses conversions, et saluent l'aurore de la régénération que les peuples attendent.

Ce n'est pas en vain que les chaînes de saint Pierre sont tombées dans la prison où l'hérésie le tenait captif dans tant de royaumes.

Ce n'est pas en vain que la gracieuse souveraine de l'Angleterre a visité le tombeau des Stuards et celui de Napoléon ; ce n'est pas en vain surtout qu'elle a visité l'église de Notre-Dame.

Ce n'est pas en vain qu'au milieu des horreurs de la

guerre s'agite une pacifique croisade de bonnes œuvres, de saintes prières et d'admirables exemples.

Tous ces évènements ont eu lieu pour le triomphe de l'unité et le bonheur de l'humanité.

Rendons-nous donc dignes de contribuer au grand travail de Dieu, pour participer à sa gloire.

Aidons le Christ à porter sa croix jusqu'au sommet d'où elle doit resplendir sur le monde et l'attirer à lui. Par respect pour la liberté humaine, Dieu veut nous avoir pour coopérateurs de son œuvre de salut. Soyons dignes de cet honneur, en correspondant à ses desseins pleins de miséricorde sur l'humanité !

A. RIVET.

I.

Notre-Dame-de-Bon-Secours.

L'empereur avait fait don à l'escadre, commandée par M. le vice-amiral Bruat, d'un tableau représentant la sainte Vierge.

Le 2 février, jour de la *Purification*, le tableau fut transporté solennellement par les aumôniers de la flotte sur le *Montebello*.

« Ce fut l'occasion d'une cérémonie touchante à laquelle assistèrent tous les officiers de l'escadre. L'équipage tout entier du vaisseau était rangé dans les batteries, où se trouvaient également des détachements des équipages des autres vaisseaux de l'escadre. Pendant la messe, la musique du *Montebello* a joué des airs religieux.

» A la fin de la messe, lorsque le prêtre a entonné le *Domine, salvum fac Napoleonem imperatorem,* toutes les voix, se confondant dans un même sentiment, ont répété en chœur les saintes paroles et adressé à Dieu les vœux de la flotte pour le chef que la France s'est donné avec enthousiasme et entoure chaque jour de sa vive gratitude.

» Après la messe, l'image de la Vierge a été portée processionnellement à l'hôpital du vaisseau, où elle restera déposée pour l'espoir et la consolation de ceux qui souffrent.

» Cette pieuse cérémonie a produit le plus heureux effet sur l'esprit de nos braves marins, et elle laissera ici de profonds souvenirs dans tous les cœurs. »

C'est ainsi que s'exprime le *Moniteur de la Flotte.*

Voici le discours prononcé par l'aumônier du *Montebello.* Il renferme de précieux enseignements et inaugure dignement ce petit recueil.

« Amiral, mes enfants,

» Le *Montebello* fait avec joie, au nom de toute l'escadre, une solennelle réception à ce tableau vénéré de la Vierge que nous a transmis, en nous quittant, le vaisseau-amiral la *Ville-de-Paris.* N'est-ce pas à l'heure présente un devoir pour moi de vous exposer en peu de mots pour quels motifs, d'une part, nous devons honorer cette image de la Mère de Dieu, et, d'un autre côté, quels avantages nous sommes appelés à recueillir de sa présence au milieu de nous ?

» Un homme a-t-il, par de hautes vertus et d'héroïques exploits, rendu sa mémoire célèbre : ses traits sont gravés par l'admiration contemporaine sur le marbre et sur le bronze, et les générations se transmettent de l'une à l'autre, comme un religieux héritage, les statues de leurs grands hommes.

» La mort a-t-elle ravi à notre affection ou à notre reconnaissance, soit des parents bien-aimés, soit d'augustes bienfaiteurs : avec quelle tendre et respectueuse sollicitude nous conservons, dans une place d'honneur, au foyer de la famille, les images qui font revivre pour nos yeux ces chers objets de notre deuil !

» Or, à tous ces titres, ce tableau de la sainte Vierge mérite au plus haut degré notre respect et notre amour.

» Quelle créature purement humaine, en effet, est comparable en vertus éclatantes, en illustre sainteté, à celle que l'infaillible Eglise de Jésus-Christ vient de déclarer solennellement avoir toujours été sans tache dès les premiers moments de son existence ?

» Marie, en outre, est notre mère : c'est encore l'Eglise qui l'appelle ainsi. Le disciple bien-aimé représentait tous les chrétiens, quand le Sauveur, du haut de sa croix sanglante, lui disait, en désignant la sainte Vierge : *Enfants, voilà votre Mère.*

» Marie, enfin, est notre bienfaitrice. Quel service, en

effet, approchera jamais de celui qu'elle a rendu au genre humain en nous donnant un sauveur, *en écrasant*, par lui, *la tête de l'antique serpent ?*

» Si quelqu'un, égaré par des idées péconçues, par les préjugés de l'irréflexion, trouvait à redire au culte affectueux que nous nous plaisons à décerner sur notre beau vaisseau à l'image de la Mère du Créateur, nous lui demanderions avec charité s'il passe indifférent devant l'image d'un grand capitaine ou d'un navigateur fameux ; nous lui demanderions surtout s'il fait peu de cas, dans ces mers lointaines et ennemies, du médaillon où l'on a fixé, à sa demande, la ressemblance de sa vieille mère ; et il suffirait, pour éclairer ses ténèbres et convertir son cœur, de la naïveté de ces questions.

» Ne soyons point ébranlés non plus si nous entendions parfois appeler *idolâtrie, superstition*, les hommages offerts par nous à cette image sainte ? Notre justification est complète dans l'enseignement public et les décisions générales de l'Eglise : elle défend toute adoration de la sainte Vierge ou des saints, tant elle est éloignée de permettre l'adoration de leurs images.

» Qu'on n'accuse pas davantage de *nouveau* un culte dont chaque pas que nous faisons dans cet Orient nous atteste l'antiquité et nous force à en faire remonter l'origine jusqu'aux temps apostoliques.

» Telle est, fondée sur la raison et la tradition à la fois, la légitimité du culte que nous vouons à cette auguste image de la Vierge. Ce culte, du reste, ne saurait être pour nous sans d'immenses avantages.

» Qui l'ignore ? un tableau est à sa manière un enseignement, et un enseignement d'autant plus efficace
qu'il est à la portée de toutes les intelligences, La parole
a parfois des mystères qui échappent aux esprits de la
foule ; le texte sacré de nos saintes lettres lui-même,
tout inspiré qu'il est, si on le livre trop facilemeut à la
curiosité des masses, est défiguré par des interpréta-
tions arbitraires, déshonoré par des commentaires dangereux.

» Rien de semblable n'est à craindre dans le langage
que tiendra ce tableau à nos regards attentifs. Il repor-
tera naturellement, doucement, pieusement nos esprits
vers la céleste créature qui en fut l'original : il sera
pour nous un constant souvenir du ciel, c'est-à-dire,
une source féconde de consolations dans la peine, d'é-
nergie dans les fatigues, de courage dans les périls.

» Un héros des anciens temps, à la simple vue du
tombeau d'un autre héros, rougissait, disait-il, d'avoir
atteint le même âge sans avoir acquis la même gloire.
Pourquoi la vue d'un tableau de la Vierge n'éveillerait-
elle pas en nous un sentiment analogue ? Symbole de la
pureté sans tache, de la perfection sans ombre, il nous
sera un indulgent, mais constant reproche ou de nos
souillures ou du moins de notre peu de progrès dans le
bien, et cette confusion salutaire sera déjà un pas dans
des voies meilleures.

» Ce n'est pas tout. Ce tableau n'est pas la réalisa-
tion arbitraire d'un type idéal de vertu, dont l'original

n'existe nulle part. Il n'est pas davantage un simple monument d'une existence à jamais écoulée, le simulacre d'une puissance éteinte ; il représente une grande, une puissante, une vivante réalité : la Reine des cieux et de la terre, qui trône pour l'éternité dans les splendeurs de la gloire divine, la protectrice que nous savons unir, à un crédit sans pareil, auprès du Tout-Puissant, une tendresse pour nous sans limites ; celle, en un mot, qu'un grand saint nous assure n'avoir jamais été invoquée en vain.

» Par les honneurs rendus à ce tableau, nous gagnerons de nouveaux titres aux grâces de celle que depuis longtemps nous appelons la *Notre-Dame-de-Bon-Secours.*

» Ce tableau fera revivre dans notre mémoire quelques-unes des suaves paroles par lesquelles, dans notre enfance, une mère pieuse nous exhortait à mettre notre confiance en la sainte Vierge ; de là à la prier, la distance est bien courte.

» Pourquoi ne le dirais-je pas ? La présence de ce tableau au milieu de nous sera pour nos familles elles-mêmes un sujet de consolation. Vos mères, vos femmes, vos enfants redouteront moins pour vous la fureur des éléments, en apprenant que désormais vous naviguerez sous l'égide de celle que l'Eglise invoque comme étoile de la mer ; elles s'effraieront moins des hasards des combats, en se souvenant que vous avez pour bouclier celle que les livres saints proclament *terrible comme une armée rangée en bataille.*

» Ce tableau nous redira quelles mains ont daigné nous en faire l'auguste présent et par les ordres de qui nous avons le bonheur de le posséder. De là de ferventes prières adressées par nous à la sainte Vierge pour la vie, le bonheur, la gloire de notre souverain, pour l'illustre chef sous la conduite duquel nos vaisseaux voguent avec la certitude d'être toujours sur le chemin du devoir, de l'honneur, des succès,

» Enfin, ce tableau de la Mère de Douleurs,—*Mater Dolorosa*, — exposé aux regards de nos blessés et malades, calmera leurs souffrances ; il leur parlera de celle qui prie pour nous, maintenant et à l'heure de notre mort ; aux uns il aidera à sanctifier le temps de leurs épreuves; aux autres il adoucira les angoises et les tourments de l'agonie ; à tous il apparaîtra comme un phare sur les rives désirées de l'éternelle patrie. »

Une cérémonie analogue eut lieu sur la flotte de la Baltique commandée par l'amiral Parceval-Deschênes.

Voici le récit d'un officier présent à la fête sur laquelle l'amiral avait adressé un rapport plein d'intérêt au ministre de la marine.

« Hier nous avons eu, à bord du vaisseau-amiral, la cérémonie de l'inauguration et de la bénédiction du tableau de la sainte Vierge donné à l'escadre par l'empereur. L'amiral, inspiré par un sentiment profondément religieux et animé de la plus parfaite bienveillance, a désiré donner à cette fête toute la solennité possible. La cérémonie a eu lieu sur le pont, tendu de pavillons et orné de guirlandes que nous avons faites avec des branches de sapinette prises sur des petites îles russes, ou plutôt finlandaises, qui nous avoisinent. Tous les aumôniers, au nombre de douze, entouraient l'autel orné de verdure. La plus grande partie des commandants et officiers des bâtiments de l'escadre, invités à contribuer, par leur présence, à l'éclat de cette belle fête religieuse, s'y était rendue avec un louable et édifiant empressement ; l'amiral avait commandé un détachement de dix hommes par bâtiment pour représenter les équipages.

» M. l'abbé Carron, aumônier supérieur, a commencé par prononcer une allocution sur l'objet de la cérémonie. Rien n'était imposant et fait pour émouvoir comme cette réunion guerrière d'amiraux, de commandants, d'officiers de tous grades, de matelots, tous silencieux et attentifs, et en face d'eux un prêtre élevant seul la voix pour les instruire, les exhorter et leur inspirer envers Marie respect, amour et confiance.

» Après l'allocution, M. l'aumônier supérieur procéda à la bénédiction solennelle du tableau : la garde présentait les armes. Aussitôt après, les tambours battirent aux champs, le clergé entonna l'*Ave Maris Stella*, et le canon mêla son tonnerre à nos voix par une salve de vingt-et-un coups. Ce moment fut magnifique. C'était vraiment la proclamation de la Vierge Marie comme reine et patronne de notre escadre.

» M. l'aumônier supérieur célébra ensuite la sainte

messe, pendant laquelle la musique militaire exécuta des morceaux d'une délicieuse harmonie. A la communion, les aumôniers chantèrent le *Magnificat*, comme cantique d'actions de grâces, qui fut suivi de la prière pour l'empereur et le succès de nos armes. Tout était fini. Cependant, à la prière de M. l'aumônier supérieur, l'amiral avait bien voulu laisser parmi les équipages un joyeux souvenir de cette belle fête, et, par un acte de gracieuse clémence, il fit remise de toutes les punitions disciplinaires encourues dans l'escadre.

» Nous avons été favorisés pendant toute la cérémonie par la plus douce et la plus radieuse température. La cérémonie s'est passée à la grande satisfaction et édification de tous. La meilleure part de tout le bien qui a pu être fait en ce jour revient, il faut le dire, à l'amiral, qui s'est prêté avec tant de bonne grâce à tout ce qui pouvait rehausser l'éclat de la solennité. On n'a point oublié non plus en ce jour que c'était à la demande de Mme Parceval-Deschênes que l'empereur avait accordé à l'escadre le don du tableau de la sainte Vierge.

» Ce tableau vient des galeries du Louvre : il représente un buste de la sainte Vierge, les mains croisées sur la poitrine, les yeux élevés vers le ciel. »

Quelques mois avant cet éclatant hommage à la **Mère** de Dieu, un régiment de cuirassiers avait donné à Lyon un exemple touchant de piété filiale envers Marie, et cet exemple retentit dans toute la France. Le colonel Ambert, l'auteur si religieux de *Prêtre et soldat*, a tiré de ce fait que voici, un parti magnifique dans un article intitulé : *La Croix et l'Epée*, que nous ne pouvons reproduire ici.

« La promenade du régiment s'était dirigée vers le sommet de la colline. Arrivés dans le voisinage du cloître de Fourvière, les cavaliers mettent pied à terre; et, tandis qu'un petit nombre d'entre eux veillent à la garde des chevaux sur la place, tous les autres, le colonel en tête, se dirigent vers la porte du sanctuaire.

» Le colonel demande à parler à M. le recteur, afin d'obtenir que toute sa troupe puisse rendre ses hommages à Notre-Dame. M. le recteur s'empresse avec joie d'accueillir cette demande, et propose au colonel de terminer la visite par la bénédiction du Saint-Sacrement, ce qui est accepté avec reconnaissance.

» Les soldats entrent donc et saluent l'image de la Vierge ; la musique exécute en son honneur de brillantes fanfares. La bénédiction se donne, et tous la reçoivent un genou en terre. Le drapeau était venu se placer vers la table de la communion avec son escorte ordinaire, et le sanctuaire et le chœur étaient occupés par le colonel, le lieutenant-colonel, les chefs d'escadron et le reste de l'état-major du régiment. Les chants finis, le R. P. Maurel accouru à la cérémonie, et qui n'a pas même eu le temps de prendre un surplis, adresse du sanctuaire quelques paroles aux soldats, qui l'écoutent avec la plus grande attention. Se livrant à l'inspiration du moment, le Père a commencé par féliciter ses auditeurs de cette éclatante démonstration , si agréable au cœur de Notre-Dame et si honorable pour eux.

« Cette démarche, Messieurs, a-t-il ajouté , sera pour
» plusieurs d'entre vous un gage de salut. Souvenez-
» vous que la Vierge, en devenant la mère du Créateur,
» devint la souveraine de toutes les créatures , souve-
» raine non pas seulement de nom, mais en réalité : de
» telle sorte que Marie peut à son gré suspendre et in-
» tervertir les lois de la nature , et opérer ainsi tous
» les miracles qu'elle veut, comme elle veut et quand
» elle veut. C'est par sa protection que fut obtenue la
» mémorable victoire de Lépante. Depuis le triomphe
» que Jean Sobiesky remporta, sous les murs de Vienne,
» sur les infidèles, il fit toujours porter avec lui une ima-
» ge de Notre-Dame-de-Lorette , surmontée de cette in-
» scription : *Par cette image de Marie, Jean sera*
» *vainqueur.* Le maréchal Suchet , chargé du comman-
» dement de Lyon en 1815, monta un jour à Fourvière;
» et, après avoir, du haut du clocher, observé sa ville
» natale , il entra dans la sacristie, et s'adressant au
» prêtre qui remplaçait le recteur : *Monsieur l'Abbé,*
» lui dit-il, *veuillez faire célébrer quelques messes à*
» *mon intention. Quand j'étais enfant, ma mère m'a-*
» *menait souvent ici aux pieds de Notre-Dame ; je ne*
» *perdrai jamais ce souvenir.* Le maréchal alla en-
» suite s'agenouiller en présence de Marie , où il pria

» de tout son cœur. On attribue, Messieurs, la mort
» édifiante de cet illustre guerrier à son amour pour la
» sainte Vierge.

» Il y a quelques années, je revenais de Rome avec
» plusieurs officiers supérieurs; et, durant la traversée,
» ils aimaient à me montrer la petite médaille de la
» sainte Vierge qu'ils tenaient des mains du Souverain
» Pontife : *Monsieur l'Abbé*, me disaient-ils, *cette image*
» *de Marie nous suivra jusqu'au tombeau.*

» A leur exemple, aimons la sainte Vierge, Messieurs :
» est-il si pénible de l'aimer ? Vous avez sur la terre une
» mère que vous aimez tendrement ; Marie est votre
» mère du ciel ! Aimez Marie, telle est la volonté de
» Dieu, qui a établi la sainte Vierge comme le canal des
» grâces qu'il envoie à la terre ; aimez Marie, telles sont
» les intentions de l'Eglise, qui fait tout pour inspirer
» cette dévotion au cœur de ses enfants. Rappelez-vous
» ce mot d'un saint jeune homme : *Si j'aime Marie, je*
» *suis assuré de ma persévérance.* Allons, Messieurs,
» courage ! un peu de dévotion à Marie ! Je ne suis
» point prophète ni enfant de prophète, et néanmoins
» je puis vous prédire que, si vous avez le bonheur de
» réciter chaque jour seulement un *Ave Maria* pour
» honorer Marie, mais jusqu'à votre dernier soupir,
» vous verrez les portes du ciel s'ouvrir sur vos têtes ;
» et le ciel vaut mieux que la terre. *Vivent nos braves !*
» *et vive Marie !* »

« Cette improvisation pleine de chaleur a fait couler
plus d'une larme.

» Après un nouveau morceau de musique, nos cuirassiers ont quitté le sanctuaire.

» Le colonel a fait remercier le recteur et le prédicateur au nom des siens ; puis, s'adressant à un prêtre qui le reconduisait par honneur, il lui a dit : « Eh bien ! » M. l'Abbé, il ne vous arrive pas souvent de recevoir » dans votre église un régiment de cavalerie ? Il y a » longtemps que je désirais amener tous mes braves aux » pieds de Notre-Dame de Fourvière. »

« Ce bel exemple aura des suites heureuses, selon le mot de Montesquieu : Plus nos soldats croiront devoir à la religion, plus ils penseront devoir à la patrie.

II.

Le prêtre rappelle la famille et la patrie.

« Un jour, dit le P. de Damas, je descendais de dessus sa litière un jeune sergent transi de froid. Il avait à peine l'usage de ses membres, et il était tellement enveloppé de son capuchon, qu'il ne voyait rien de ce qui se passait autour de lui. Il se laissait faire comme un homme mort. Je l'étendis sous la tente, je le frottai et le réchauffai de mon mieux. Enfin il sortit de sa torpeur, et de dessous sa couverture j'entendis partir cette exclamation : « Oh ! qui est-ce qui me soigne ? C'est sans doute un prêtre. Dites-moi, êtes-vous prêtre ? » Et, sur ma réponse affirmative, il continua : « Oh ! qu'on est heureux de trouver un prêtre lorsqu'on souffre ! Je m'en moquais lorsque j'étais bien portant ; mais aujourd'hui, sur la terre étrangère, dans ce moment d'angoisses , il me semble que j'ai retrouvé mon pays et les soins de ma famille en tombant entre les mains d'un prêtre. »

III.

Pourvu que nous ayons la conscience tranquille !

« Vous êtes donc malade, mon pauvre enfant, disais-je à un pauvre fiévreux. — Oui, M. l'aumônier, bien malade encore. Je voudrais recevoir les derniers sacrements. — Mais vous n'êtes point encore condamné, mon enfant ; je vous confesserai et je vous donnerai l'absolution de vos fautes, parce que c'est utile dans tous les temps ; mais pour l'extrême-onction , nous avons le temps. — Oh ! M. l'aumônier, ne cherchez pas à me rassurer. Je n'ai pas peur. Nous autres pauvres gens, qu'est-ce que ça nous fait de mourir aujourd'hui ou dans vingt ans ? Nous ne tenons pas à la vie. Pourvu que nous ayons la conscience tranquille et que nous soyons sûrs du jugement de Dieu, nous n'avons rien à perdre et tout à gagner. Demandez plutôt aux camarades. Pourvu que nous ayons des prêtres pour nous absoudre dans le danger, le gouvernement peut nous dire de nous jeter dans la mer , il ne nous fera pas tort, et nous ne reculerons pas.

» Ces sentiments sont ceux de tous nos braves paysans élevés par des mères chrétiennes et devenus soldats par la loi du sort. Lorsque j'entre dans une salle de malades, s'il y en a un seul qui, pendant la journée précédente, se soit livré à la tristesse, tous ses camarades me l'indiquent à la fois. « M. l'aumônier, allez donc à celui-là. Il pense à son pays et il pleure. Relevez-lui le courage. Ce n'est pas comme cela qu'il faut être. Nous le lui avons bien dit, mais il ne nous écoute pas. Répétez-le-lui afin qu'il comprenne. » Ainsi parlent ces hommes. Ce qu'ils disent, ils le font. Pour eux la mort n'est qu'un passage. » (Lettre du P. de Damas.)

Les aumôniers sont dignes d'inspirer de pareils sentiments, par leur dévoûment, leur courage et leur bonté.

<h2 style="text-align:center">IV.</h2>

<h3 style="text-align:center">La charité prouve la vérité.</h3>

« La foi généreuse, la courageuse charité, la fraternité de la croix et de l'épée, le dévoûment surhumain de nos aumôniers, semblent incroyables aux Turcs et étonnent nos alliés anglais.

» — Nos ministres, disait un officier anglais au P***, fuient le danger que vous cherchez ; ils ont peur du choléra que vous ne craignez pas ; on ne les voit jamais où vous êtes toujours ; notre religion ne fait ni prêtres ni sœurs de charité. Qu'en faut-il conclure ?

» — Vous n'attendez pas, sans doute, que je fasse réponse, dit le Père en souriant : vous la trouverez vous-même.

» Dieu veuille que cette réponse éclaire beaucoup de cœurs honnêtes et d'esprits droits !

» Le prêtre à qui ces mots étaient adressés avait passé un mois sans repos et sans sommeil, penché jour et nuit sur le grabat des cholériques expirants. » (Id.\

V.

L'exemple du prêtre inspire le courage.

« Le choléra sévissait dans la division Herbillon, les soldats s'inquiétaient, les conversations devenaient sombres, car les morts étaient nombreux, et ce n'est pas cette mort-là que veut le soldat français. Ce qui troublait surtout nos braves, c'est la persuasion que le fléau se communiquait par l'attouchement seul d'un cholérique : aussi le camp était-il déjà pour eux un lieu de terreur ; et, quelque fort que fût chez eux le sentiment du devoir, leurs angoisses perpétuelles semblaient les démoraliser. Le général français avait essayé de tous les moyens pour reconforter ses bataillons ; le plus grand nombre avait, à sa voix, secoué leurs craintes. Mais sur un point du camp, plus maltraité que les autres, la terreur régnait toujours : « Comment pourrions-nous donc faire, M. l'Abbé ? dit le général au P. Parabère : ces enfants-là ont l'air d'avoir peur.—Oh ! il faudra bien que la peur sache qu'elle s'attaque à des Français et à des chrétiens ; laissez-moi faire, général. » Et le courageux aumônier s'achemine vers le quartier indiqué. Un pauvre soldat était aux prises avec l'épidémie : le Révérend Père a encore le temps de le consoler et de l'absoudre, puis il lui ferme les yeux. Appelant alors auprès du cadavre les camarades du défunt, il essaie de leur persuader que le fléau ne se communique pas ; et comme quelques-uns branlaient la tête : « Ah ! vous ne voulez pas me croire aujourd'hui, dit-il, nous verrons si vous ne me croirez pas demain. » Et voilà l'aumônier se couchant côte-à-côte du cadavre, et se disposant à passer la nuit entière avec ce nouveau camarade de lit.

» Plusieurs heures s'écoulent ; le P. Parabère ne quitte le poste que lorsqu'on vient l'appeler pour un nouveau moribond. Le lendemain cet acte de courage était raconté au camp, et les soldats rassurés, disaient : « En voilà un qui n'a pas peur ! »

VI.

C'est la foi qui inspire la charité et qui sait consoler.

Nos armées navales, comme nos armées de terre, ont passé par la terrible épreuve des maladies épidémiques. Or, partout et toujours, à ce moment douloureux, les aumôniers de la flotte ont été à la hauteur de leur sainte et laborieuse mission.

« Au départ de l'escadre pour la Baltique, *le Breslau* fut envahi, avant d'arriver à Kiel, par la petite-vérole. Bientôt il y eut jusqu'à cent cinquante hommes atteints à la fois avec une alarmante gravité.

» La batterie basse fut encombrée de malades. C'est dans cette batterie qu'est le logement règlementaire de l'aumônier. Un moment l'air, en dépit des précautions les plus intelligentes prises par les chirurgiens et les officiers, devint si corrompu que l'autorité du bord crut devoir engager l'aumônier à transporter ailleurs sa chambre. Il refusa : cette retraite, légitime pourtant, aurait, selon lui, effrayé les malades ; elle eût au moins rendu sa présence au milieu d'eux moins sensible à tous les instants. Il demanda comme une grâce et obtint de demeurer au plus fort du danger. Là, il a prodigué à tous, jusqu'à la fin, la nuit et le jour, ces paroles d'encouragement et de consolation dont la source unique est la foi. Son ministère a sanctifié et calmé les souffrances en reversant sur les corps un peu de ce calme dont l'ame est inondée par les sacrements. Cet apostolique dévoûment a eu sa récompense la plus précieuse pour le cœur d'un prêtre : plus de cent vingt hommes ont spontanément réclamé la pénitence, et les sept dont on a eu à déplorer la perte sont morts en paix avec Dieu, et ont été honorés, quoique dans une terre hérétique, des honneurs publics de la sépulture chrétienne. Les mains pieuses de leurs compagnons ont planté sur leur tombe, au départ, la croix, symbole et gage de l'immortalité. »

« Aux Antilles ou plutôt à la Havane, pendant que la fièvre jaune sévit avec fureur, l'aumônier de l'*Iphigénie*, n'ayant aucun malade à son bord, sillonne la rade en tous sens et à tout moment pour porter secours aux navires de toutes les nations, et trouve encore du temps pour aller s'enfermer, à terre, dans un hôpital qui regorge d'Anglais, d'Américains, d'Espagnols, d'Allemands, de Suisses, etc. Il n'entend la langue de presque aucun, et cependant il les console tous. Plus d'une fois, dans un serrement de main énergique, dans le regard suppliant d'un hérétique moribond, il devine l'abjuration de toutes les erreurs, le retour empressé à la foi d'une Eglise qui seule a de tels ministres.

» La charité a été plus admirable encore, s'il est possible, aux îles d'Aland. L'aumônier du *Jemmapes* avait été, sur sa demande, détaché par l'amiral pour accompagner le corps expéditionnaire, dont l'aumônier n'était pas encore rendu. Bomarsund est pris, mais le choléra s'abat sur le camp. Médecins, pharmaciens, officiers, infirmiers, tous rivalisent de zèle, et, au témoignage de tous, s'il en est un qui surpasse les autres, c'est l'aumônier, objet désormais de leur plus affectueuse vénération. Couché sur la paille, dormant à peine un moment à de longs intervalles, malade bientôt lui aussi, il est obligé d'accepter l'aide d'un collègue, mais il n'abandonne pas son poste.

» Que si l'aumônier du *Jemmapes*, M. l'abbé Martin, de Coutances, et celui de l'*Inflexible*, M. l'abbé Carron

(car nous croyons pouvoir les nommer tous deux) , ont conquis aux îles d'Aland les sympathies de tout l'état-major de l'armée de terre , s'ils ont donné à tous la plus haute opinion du corps des aumôniers de la flotte, nous ne devons pas taire qu'ils ont été , ou puissamment secondés , ou admirablement imités dans d'autres lieux par les aumôniers de *la Vengeance*, de *l'Algérie*, de *la Poursuivante*, du *Duperré*, etc. »

« Il me semble voir encore , nous écrit-on des îles Aland , les infortunés étendus à terre sur un peu de paille, dans une tente humide, accueillant l'arrivée du prêtre comme celle d'un consolateur que Dieu leur envoyait. Je les vois tantôt baisant la main qui venait les bénir, tantôt collant sur le crucifix leurs lèvres froides et violacées, ou, d'une voix mourante, exhortant leurs compagnons de douleur à recouvrer comme eux la paix dans la pénitence. Je puis vous donner cette consolante assurance : *autant de décès, autant de morts chrétiennes...* Ce sera pour les familles une grande consolation d'apprendre que la religion a sanctifié et adouci les derniers moments de ceux qu'elles pleurent, qu'elle a reçu leur dernier soupir et prié sur leurs dépouilles mortelles. Pour ceux qui ont survécu, ils se rappelleront que le prêtre est avant tout pour eux un ami, et un ami qui ne leur fera jamais défaut, ni au jour de la maladie, ni au jour du combat. »

Disons pour conclure : Voilà quatre années qu'existe l'aumônerie de la flotte , et ceux qui aiment l'Eglise et les ames ont la double consolation de savoir que , d'une part, aux jours les plus durs, elle a rempli dignement sa haute mission, et, d'un autre côté, que toute notre marine et même notre armée de terre l'environnent désormais de respect, de confiance et d'affection.

VII.

Le courage sait toujours trouver le moyen d'avancer.

A la bataille de l'Alma, le P. Parabère , aumônier en chef, a eu son cheval tué sous lui dès le commencement de l'action.

Le général Canrobert , près de qui il était, très-désolé de l'accident, mais ne pouvant y remédier pour le moment, s'apprêtait à lui dire : Au revoir. Mais l'aumônier, voulant être de la partie jusqu'au bout, se procura immédiatement une autre monture fort sûre , mais très-dure d'allure : il sauta sur un canon. C'est à cheval sur une pièce d'artillerie qu'il put gagner le sommet de la montagne escarpée et se trouver au milieu de l'action terrible qui s'y livra.

VIII.

Bien vivre pour bien mourir , ou l'abbé Ferrary, aumônier de l'armée d'Orient.

On sait combien le corps médical de l'armée française en Orient s'est distingué par l'amour de la science et par le dévoûment à l'humanité.

Un membre de ce corps vraiment d'élite , d'autant plus capable d'apprécier le mérite qu'il s'est lui-même distingué à Varna au moment de l'épidémie, nous communique la note suivante sur l'abbé Ferrary qu'il a connu intimement, et sur la Sœur Thérèse dont il était obligé constamment de modérer le zèle et la charité.

« Il y a de ces hommes qui laissent toujours une trace impérissable dans vos souvenirs, et dont vous n'évoquez jamais la mémoire sans une vive et sympathique émotion : le passé de ces hommes signifie abnégation , dévoûment. — Ils n'ont cependant pas cette perspective brillante que promettent la gloire des armes, le bruit des luttes populaires.... A eux les cris de la douleur, les angoisses du désespoir ; à eux l'obscur champ de bataille de l'agonie et de la mort.

» L'abbé Ferrary était une de ces natures héroïques et simples tout à la fois, faisant du dévoûment par habitude et , pour ainsi dire, sans le savoir. La bienveillance, a modestie , les touchantes qualités de son cœur en avaient fait l'ami de tous ceux qui le connurent dans la triste épidémie de Varna. Les forces l'épuisaient vite à cette lutte ; mais il trouvait, dans l'inspiration de ses devoirs, cette énergie surhumaine qui le conduisit, brisé de fatigue, jusqu'à la dernière heure du dévoûment. Cette fois la mort lui laissait un répit pour d'autres sacrifices....

» Plus tard, remis à peine de cette secousse terrible, il alla prodiguer sur un autre théâtre ses soins et ses consolations à nos braves soldats ; mais les forces humaines ont un terme : les fatigues physiques, les émotions continuelles d'un cœur si bien fait pour compatir aux souffrances de ses semblables, usèrent rapidement cette nature d'élite et le livrèrent un jour désarmé aux coups du fléau !...

» L'abbé Ferrary est mort en martyr chrétien. Une voix éloquente a rappelé sur sa tombe les vertus sublimes du prêtre qui repose aujourd'hui sur la terre étrangère. Pour moi, je ne puis consacrer que quelques lignes à la mémoire de celui dont j'ai su si bien apprécier l'ardente charité.

» A côté de lui, je ne puis passer sous silence ces admirables Sœurs qu'un zèle infatigable et l'amour de l'humanité entraînèrent vers ces plages lointaines. Elles aussi, ces saintes femmes, ont payé et paient encore à cette heure leur tribut à la maladie et à la mort.

» La Sœur Marie-Thérèse se présente à la première page de ce martyrologe : d'une santé frêle et délicate,

elle tomba malade dans les premiers jours de son arrivée ; mais ni les représentations de ses compagnes, ni
les avertissements des médecins ne l'arrêtèrent. « Ce
n'est qu'un peu de fatigue, disait-elle, je me porte bien. »
Sublime mensonge ! qu'elle devait payer de sa vie quelques heures plus tard.

» L'abbé Ferrary l'a conduite à sa dernière demeure ;
le même convoi emportait un des médecins majors de
l'hôpital militaire, le docteur Hanh !

» Trois dévoûments de nature diverse, mais que sanc-
tifie le même but, l'amour de l'humanité !

» Une idée consolante se mêle cependant à tant de
douloureux souvenirs.... Dans notre belle France le dévoûment produit le dévoûment, et il n'y a pas de cendre
plus féconde que celle des martyrs. »

M. le vicomte G. de Carbonnière nous fournit ces
intéressants détails sur le passé de M. Ferrary :

« Ce digne prêtre, qui appartenait à l'une des plus
honorables familles du département de l'Ain, avait puisé
le germe de ses éminentes vertus dans ces traditions
chrétiennes qui sont de nos jours encore le rare et précieux héritage de quelques races privilégiées.

» Le vénérable évêque de Saint-Paul, qui lui con-
serva toujours un tendre et paternel attachement, avait
dirigé lui-même ses premières études au pensionnat de
Ferney , et ce fut au séminaire de Saint-Sulpice qu'il
termina ses études ecclésiastiques.

» Une vocation irrésistible l'avait porté au sacerdoce. Attaché successivement comme vicaire aux paroisses de Saint-Médard, de Saint-Germain-l'Auxerrois et de Saint-Augustin, le charme sympathique de son esprit persuadait sans peine, au riche le bienfait, au pauvre la reconnaissance, à tous l'amour du bien. Ce fut ainsi qu'aidé de généreux concours, il fonda, dans la première de ces paroisses (la plus pauvre de Paris), l'œuvre de Sainte-Elisabeth de Hongrie, destinée à recueillir et élever chrétiennement des jeunes filles appartenant à de malheureuses familles.

» A la première nouvelle de l'expédition d'Orient, l'abbé Ferrary devint solliciteur. Que demandait-il ? La faculté d'exercer son ministère de dévoûment.

» Ce dévoûment se manifesta par des prodiges de courage et d'abnégation. Si l'on veut, pour ainsi dire, voir l'ame héroïque de l'abbé Ferrary, il faut lire la lettre suivante qu'il datait de Varna, le 29 juillet 1854 :

« Depuis le 10 juillet, je suis sur le plus lamentable des champs de bataille, bravant l'épidémie qui sévit avec une action terrible. J'ai chaque jour à confesser et administrer plus de quarante de nos soldats. Ils meurent tous comme des saints.

» Ah ! qu'il est douloureux d'entendre sans cesse ce cri suprême d'adieu qu'ils jettent à la patrie et à la famille, du sein de leur agonie ! Mais aussi qu'il est doux pour le cœur de l'apôtre de pouvoir, au péril de sa vie, conduire à Dieu tant d'ames qui sont devenues *la por-*

tion la plus chère de mon immense troupeau !.... Je suis seul à Varna...

» Je vous quitte pour courir à mon ambulance m'asseoir jusqu'à la fin du jour au chevet de mes mourants... La nuit, je rentre chez moi exténué de fatigue ; le bras d'un infirmier m'est souvent nécessaire. Un peu de sommeil répare tout.

» Cachez avec soin les périls de la situation où je me trouve. Là où le cœur du prêtre est tranquille, l'affection de la famille trouverait sujet d'alarme. Le calice du Seigneur, que je prends chaque jour à l'autel, soutient et centuple mes forces.

» Priez pour moi, pour nos soldats, pour notre drapeau... Combien votre présence me serait un doux présent du ciel !

» Adieu. Du milieu des plaines de la Bulgarie, je vous salue et vous bénis. Un jour viendra où je vous serai rendu. »

Le discours suivant prononcé sur la tombe de M. Ferrary par M. Lévy, inspecteur-directeur du service de santé de l'armée d'Orient, achèvera de faire connaître cet homme de Dieu, qui n'a passé sur la terre, comme son divin Maître, qu'en faisant le bien :

« L'armée d'Orient compte un martyr : l'aumônier de l'hôpital militaire de Varna, l'aumônier des cholériques, le consolateur des plus cruelles angoisses, vient de succomber lui-même à la maladie qu'il a si longtemps bravée en Bulgarie, en Crimée, et sur les navires qui portent nos malades de la plage de Kamiesch aux hôpitaux de Constantinople.

» Pendant la durée de l'horrible épidémie de Varna, M. Ferrary a été un modèle de courage simple et modeste, de bienveillance et d'abnégation. Du matin au soir il assistait les malheureux qui mouraient en grand nombre : ses consolations, ses prières n'ont manqué à aucun d'eux. D'une constitution délicate et frêle, il puisait dans son zèle les forces que lui refusait son organisation. Notre étonnement de chaque jour, notre anxiété était de le voir résister à tant de fatigues, à tant de périls. Parfois sa figure trahissait malgré lui la souffrance et l'épuisement ; jamais il n'a voulu s'arrêter, se reposer, malgré les instances des médecins, qui, tous devenus ses amis, l'entouraient d'égards et de vénération. Quand il n'avait plus la force de se tenir près des malades, il s'asseyait sur leur lit, et, penché vers leur bouche, il aspirait le souffle de leurs confessions et de leurs derniers vœux, il souriait à leurs derniers regards, et assisté des Sœurs de Saint-Vincent-de-Paul, il leur rendait, en ce moment suprême, comme une image de la famille absente. Durant ces longs jours de consternation et de deuil, il n'a éprouvé qu'une seule inquiétude. Touchés de l'état de sa santé, émus de la continuation d'un dévoûment au-dessus de la puissance humaine, ses chefs avaient songé à le déplacer, à le tirer de l'atmosphère brûlante et infecte de Varna, pour l'en-

voyer, dans les camps situés sur les plateaux qui domi
nent la ville, respirer un air plus pur et goûter un peu
de tranquillité. Cette sollicitude lui fut un tourment : il
craignait de laisser incomplète l'œuvre de sa douce
charité. Cet hôpital de Varna, qui était devenu un mortel foyer d'infection, était le milieu où son ame respi-
rait à l'aise. Le danger, il ne le sentait point ; l'affaiblis-
sement physique, il n'en tenait compte. Mêlé sympa-
thiquement aux officiers de santé, aimé des malades,
respecté des infirmiers, heureux de s'exposer pour l'accomplissement de son ministère de paix et d'amour, que
lui importaient les émanations plus ou moins délétères ?
Trois médecins, une sœur de charité, dix-neuf infirmiers avaient été enlevés par le fléau, et il ne voyait
en ces pertes qu'un motif de redoubler d'efforts et de
persévérance. Il me pria en particulier d'intervenir pour
assurer son maintien à l'hôpital de Varna ; je m'adres-
sai à M. le colonel Trochu, et cette récompense, ainsi
s'exprimait M. l'abbé Ferrary, lui fut accordée.

» Un seul trait encore pour peindre cette nature suave
et forte, indulgente et dévouée. Dans les derniers jours
de juillet, les cholériques affluèrent, les salles s'encom-
braient à l'hôpital de Varna. Dans une de mes visites,
affligé de voir dans un local restreint six rangs de lits
occupés par les malades, je délibérais avec des confrè-
res de l'établissement sur les moyens de diminuer l'en-
combrement et d'isoler les cholériques, quand le jeune
aumônier, que je n'avais pas aperçu d'abord, sortit

d'entre les lits pour venir m'offrir, dans les termes les plus obligeants, le local spacieux de la chapelle ; il m'y conduisit immédiatement pour en évaluer la contenance, et, quelques heures après, nous pouvions constituer, avec cette salle et deux autres attenantes, un service distinct pour le traitement de l'épidémie.

» Embarqué pour la Crimée, M. Ferrary a suivi les phases de cette difficile campagne, et quand durent commencer les évacuations des blessés et des fiévreux sur Constantinople, il fut chargé de les accompagner à travers la mer Noire. Quatre fois le pauvre et digne aumônier a parcouru dans les deux sens cette mer par une saison de tempêtes et de gros temps, soignant et consolant les malades, saluant de ses prières les funérailles expéditives qui ont marqué chaque traversée. Au retour de l'un de ses laborieux pèlerinages, je l'ai vu, il y a une quinzaine de jours à peine, sinon plus robuste, du moins valide encore, malgré des fatigues disproportionnées, et conservant, malgré la monotone tristesse de ces navigations répétées, la sérénité, le contentement, la mansuétude, et je ne sais quelle grâce d'esprit et de cœur qui lui étaient propres. Il revenait encore une fois de Kamiesch, le 6 décembre 1854, à bord du *Titan*, en sa compagnie accoutumée de blessés et de malades ; il prodiguait ses soins à quelques cholériques qui s'y trouvaient mêlés, quand il sentit luimême les premiers symptômes de cette maladie. Arrivé dans le port de Constantinople, il demanda à être transporté dans la maison de ses amis, MM. les Lazaristes; et c'est là que je fus appelé, entre neuf ou dix heures du soir, à lui donner quelques conseils, hélas ! impuissants et tardifs. Après une lueur d'amélioration, le pieux et modeste aumônier de Varna s'est affaibli, et le 7 décembre au soir, il a rendu à Dieu sa belle ame, dont il est permis de dire, avec l'Ecriture, qu'il appartenait à cette élite des ames *quorum mundus non erat dignus.*

» Le choléra s'atténue et disparaît de l'armée d'Orient ; il ne produit çà et là que des cas rares et tempérés, dernières étincelles du foyer qui s'éteint... et c'est à ce moment qu'il nous enlève notre collaborateur le plus héroïque des hôpitaux et ambulances de Varna ! Voilà ce qui frappera le plus, dans cette perte aussi douloureuse qu'inattendue, ceux qui envisagent les éventualités humaines. Une sorte d'immunité semblait acquise à cette organisation physiquement chétive, moralement énergique, exercée à la familiarité du fléau, qui, après avoir béni à leur dernière heure des milliers de cholériques, tombe enfin sur le champ de bataille du médecin et du prêtre, épuisé, non de zèle et de dévoûment, mais de force et de vitalité. Dieu a jugé sans doute qu'il avait assez fait pour obtenir la récompense qu'il attendait: il a trouvé que sa journée était pleine ; il a marqué au voyageur le terme de ses courses ; il l'a surpris dans l'accomplissement de sa sainte et courageuse mission parmi les cholériques de l'armée. Il nous aura été donné de l'admirer au début et pendant les plus grandes rigueurs de l'expédition, et de l'admirer encore, doux et résigné, dans les dernières étreintes du fléau qui semble choisir ses dernières victimes. L'armée perd un noble serviteur, les médecins militaires un ami, les malades un père. Que sa mémoire demeure parmi nous, comme une émanation féconde de ses vertus, comme un salutaire exemple d'abnégation et de sacrifice ! »

IX.

La vertu et le talent unis par la religion.

«L'Eglise a donc fourni à la guerre d'Orient son contingent de héros et de victimes. Ces humbles soldats de Jésus-Christ ont rencontré la gloire humaine sans l'avoir cherchée : leur vue était plus haute, ils souffraient et ils sont morts pour Dieu. C'est notre honneur et notre devoir de recueillir religieusement le souvenir de leurs combats, qui est la couronne de notre foi. À ce titre, nous devons rappeler quelques traits qui font mieux connaître et vénérer davantage un de ces prêtres intrépides qui ont payé de leur vie leur dévoûment à la patrie et à la religion; nous voulons parler du R. P. Gloriot, de la Compagnie de Jésus.

» Homme d'une simplicité antique, tout à la loi de l'obéissance, plein d'une affabilité qui attirait l'affection et d'une douce autorité qui commandait le respect, ce savant Religieux était en possession non-seulement d'inspirer l'attachement aux jeunes gens placés sous sa direction, mais de se concilier un ascendant remarquable sur les populations, sur l'armée, sur les infidèles eux-mêmes. Il le prouva aux jours les plus difficiles.

» En 1848, dans toute l'effervescence des premiers moments de trouble, une bande ameutée se répandit dans les rues de la ville de Dole ; après quelques excès, des meneurs proposèrent de piller la maison des Jésuites ; le P. Gloriot en était le supérieur : « Non, non, s'écrièrent plusieurs ouvriers, on ne touchera pas à la maison des Jésuites tant que le P. Gloriot y sera ! » Et, en effet, la communauté fut protégée par la présence seule du pieux prêtre. C'était une juste et bien rare récompense de la charité et du zèle qu'il avait déployés pour le soulagement des souffrances et des misères, pour la fondation d'une conférence de Saint-Vincent-de-Paul, pour le soin des ames.

» Lorsque la liberté rendue à l'enseignement rouvrit à son Institut la carrière où il avait conquis un lustre si éclatant dans les âges écoulés, le P. Gloriot fut placé au collége de Dole, fondation naissante qui ravivait les traditions de l'ancien et célèbre collége de l'Arc ; et là, cette aménité qui lui donnait tant d'influence sur les jeunes gens, dans les OEuvres de Dié et de Saint-Claude, le rendit cher aux élèves et aux parents. En même temps, sa parole bienveillante et persuasive trouvait le chemin des cœurs et jamais ne s'adressait en vain aux sentiments de piété et de charité.

» C'est de ce modeste asile des lettres qu'il fut appelé sur un plus vaste et plus difficile théâtre. La guerre allait éclater ; le sentiment public, fortement ému des périls et des besoins de nos soldats, réclamait pour eux l'assistance de ce ministère sacré qui apprend à vivre avec courage et à mourir avec consolation, et dont ils avaient été si long-temps privés. L'armée elle-même sollicitait ce bienfait. Des aumôniers furent attachés au corps expéditionnaire. Le P. Parabère était un des premiers désignés ; le P. Gloriot lui fut adjoint. Les supérieurs avaient estimé que la franchise de son caractère, son zèle profond, son éloquence communicative réussiraient près des troupes ; ils avaient admirablement jugé. Présenté au maréchal de Saint-Arnaud, qui ne l'avait jamais vu, par le R. P. de Ravignan, il fut immédiatement accepté. Le Maréchal lui accorda toute sa confiance ; et Mme de Saint-Arnaud, qui n'avait pas voulu quitter le Maréchal au milieu des épreuves du commandement, le prit pour son directeur.

» On sait quelle activité et quelle énergie l'aumônier de l'armée d'Orient prodigua dans les cruelles péripéties qui accueillirent au début l'expédition française. Les troupes concentrées à Gallipoli furent atteintes du fléau dévastateur. Le P. Gloriot se dévoua sans réserve, et par une grâce spéciale de la Providence, alors qu'au-tour de lui la maladie et la mort faisaient d'affreux ravages, il demeura sain et sauf, malgré des fatigues inouïes. Les soldats comblaient de bénédictions celui qu'ils nommaient leur *bon Père* ; au départ, les officiers de l'état-major vinrent en corps lui faire visite pour le remercier de son héroïque abnégation ; et, cherchant dans l'honneur militaire un moyen de s'acquitter de la dette de l'armée, ils annoncèrent à l'humble Jésuite qu'ils avaient adressé une supplique au ministre pour qu'il fût décoré de la croix des braves. C'est ce que confirma l'empereur lorsque le P. Gloriot fut admis près de lui : « Je suis bien aise, Monsieur l'Abbé, lui dit-il en l'abordant, de vous apprendre que si vous avez reçu la décoration de la Légion-d'Honneur, elle vous a été accordée d'après une pétition de la garnison entière de Gallipoli. »

» Le maréchal de Saint-Arnaud succomba au commencement de la glorieuse et meurtrière expédition de Crimée : ses restes mortels furent rapportés en France. Plongée dans la douleur, et plus désireuse que jamais des consolations que la religion seule peut donner, la Maréchale souhaita que le P. Gloriot l'accompagnât. Ce pieux désir était comme un ordre. Le P. Gloriot fut du cortége funèbre.

»A peine eut-il accompli cette mission, qu'il reprit la route de l'Orient. Les blessés et les malades de l'hôpital de Péra l'attendaient. Son retour fut une joie et un bonheur pour ces pauvres victimes auxquelles il offrait de si puissants secours. Tel était son infatigable zèle, telle était la reconnaissance de tous, que les Ottomans eux-mêmes connaissaient sa réputation et lui témoignaient leurs sentiments d'estime et de respect. Souvent, à Constantinople, il était arrêté dans les rues et sur les quais par des musulmans, par des derviches mêmes qui se plaisaient, avec les formes de la politesse orientale, à lui remettre des billets écrits où se trouvaient des questions relatives à sa santé, des expressions de bienveillance, parfois des demandes relatives à la religion. Un jour, le sultan Abdul-Medjid lui-même voulut lui donner une marque de faveur spéciale : il lui envoya une corbeille remplie de magnifiques oranges cueillies dans les jardins impériaux, et y ajouta de sa main, dans un billet placé sur la corbeille : *Pour Monsieur l'Aumônier de Péra.*

» Mais la Providence avait fixé le terme de cette vie si généreusement sacrifiée. Celui qui avait échappé aux coups du choléra dans sa plus mortelle intensité et dans ses différentes et funestes reprises, succomba à des accès de fièvre typhoïde. Le principe du mal avait été pris dans les hôpitaux, où il multipliait ses soins. Le P. Gloriot s'était épuisé dans des fatigues au-dessus de la puissance humaine ; il tombait, comme le soldat, sur le champ même de ses travaux et de sa gloire.

» Nous ne connaissons pas de plus touchant et de plus juste éloge que celui qui est tracé de la main d'un témoin et d'un digne appréciateur de semblables mérites, dans la lettre suivante, adressée au R. P. de Jocas, provincial de Lyon :

Mon très-révérend Père,

» Je viens remplir auprès de vous une mission bien douloureuse pour moi, celle de vous annoncer la mort du P. Gloriot, qui a succombé hier après quelques accès de fièvre typhoïde. Il a été victime de son zèle sans bornes près des trop nombreux malades du grand hôpital de Péra, où il a supporté des fatigues incessantes et presque au-dessus des forces humaines. Vous perdez là, mon Père, un missionnaire capable, plein de dévoûment, doué de toutes les qualités ; c'est un malheur pour votre illustre Compagnie ; et moi j'y perds un ami bien sincère, que j'entourais de mon estime et de toute mon affection. Il était ma compagnie de tous les jours. Lorsque nous pouvions l'un et l'autre interrompre nos travaux, nous nous promenions ensemble en parcourant les cimetières, qui sont les seuls lieux de promenade à Constantinople. Cet ouvrier si actif avait échappé par miracle, l'année dernière, à l'épidémie terrible de Gallipoli, où il s'était sacrifié sans réserve, et il a dû succomber au moment où les maladies étaient moins nombreuses ici. Je le fais enterrer dans les caveaux d'une église nouvelle où nous déposons ordinairement les ecclésiastiques, et où j'ai eu la douleur de placer, il y a moins de trois mois, mon saint archevêque.

» Le P. Ronan, jésuite irlandais, officiera et aura soin de régler ses affaires temporelles.

» S'il vous était possible d'envoyer encore quelques-uns de vos Pères à Constantinople pour combler le grand vide que la mort du bon P. Gloriot occasionne, nous les recevrions avec une bien vive reconnaissance.

» Agréez, etc.

» C. HILLEREAU
Vic.-gén. admin. du vic. apost. de Constantinople.

» Constantinople, le 23 mai 1855. »

» En France, lorsque arriva la douloureuse nouvelle de cette mort héroïque, le deuil public fut aussi profond qu'à Constantinople ; toutes les feuilles, sans distinction d'opinion, payèrent au courageux Jésuite le tribut de leurs regrets et de leur admiration. Un service solennel fut célébré à Marseille par les soins des anciens élèves de Fribourg ; d'autres furent offerts, au nom des Conférences de Saint-Vincent-de-Paul de Dole et de Saint-Claude, qui lui devaient leur fondation. L'armée s'y associa ; et l'histoire inscrira le nom du P. Gloriot dans les annales brillantes et douloureuses de la guerre mémorable à laquelle nous assistons.

» Les anges, déjà, l'ont placé sans doute sur le livre de vie devant qui les siècles passeront, et qui ouvre l'accès des récompenses éternelles. » — C'est ainsi que s'exprime M. Henri de Riancey dans l'*Ami de la Religion*.

—————

Encore une nouvelle victime de son dévoûment.

« M. l'abbé de Geslin était de Metz. Homme d'un grand talent, mais surtout d'un excellent caractère, il gagnait les cœurs de tous ceux qui avaient l'occasion de le connaître. Transféré de l'hôpital de Péra à celui de Sullané, il y est demeuré environ trois mois jusqu'au moment où il dut aller remplacer l'abbé de Ribens dans les fonctions d'adjoint à l'aumônier en chef. La nouvelle de sa mort est arrivée au P. Gloriot quelques heures seulement avant qu'il ne mourût lui-même, à la suite d'une congestion cérébrale.

» Le P. Gloriot avait été lui aussi mandé à Sébastopol pour être l'aumônier en chef d'un corps d'armée ; mais cette nomination le contrariait fort. Il en attendait une autre remplie d'inconvénients, de fatigues et de labeurs pénibles. Sa nomination d'aumônier en chef des hôpitaux de Constantinople vint en effet ; mais cette nomination n'entrait pas dans les desseins de Dieu, qui le retira de ce monde avant que les pièces officielles ne pussent lui être remises. »

Un motif de convenance nous interdit l'éloge des aumôniers actuels de l'armée d'Orient : nous ne pouvons cependant passer sous silence les admirables lettres du R. P. de Damas, auxquelles nous emprunterons les plus beaux faits de ce petit Recueil, d'après l'autorisation qu'il a bien voulu nous accorder lui-même.

X.

Heureux effet de la présence de nos Sœurs de charité en Orient.

L'éloge des vertus de nos Sœurs de charité se trouve dans toutes les bouches ; les ennemis mêmes de notre foi sont forcés de leur rendre hommage. Voici en quels termes le fait le *Journal de Saint-Pétersbourg* :

« Nous éprouvons une véritable satisfaction à informer le public que les blessés russes transportés à Constantinople reçoivent dans les hôpitaux français, de la part des Sœurs de charité, les soins les plus touchants. Fidèles à leur vocation, ces Religieuses viennent au secours des souffrances humaines avec une sollicitude toute chrétienne, sans établir de distinction entre les malheureux selon leur nationalité ou le rite qu'ils professent. Nous savons même que, dans leur bienfaisance, elles ont acheté et fourni à nos prisonniers les vêtements les plus indispensables. Elles se sont montrées admirables en soignant nos pauvres blessés de même qu'elles le font pour les Français.

» Puisse l'hommage de notre sincère gratitude parvenir à la connaissance de ces dignes Religieuses, que Dieu seul pourra récompenser, comme elles le méritent, de la mission de charité qu'elles pratiquent ici-bas d'une manière si sublime ! »

« Ce n'est pas tout, dit l'*Ami de la Religion*. Nous avons eu l'occasion de constater l'heureux effet de l'influence de la religion catholique sur le protestantisme. S'inspirant d'une de nos plus belles institutions, Madame Nigthingale est partie pour l'Orient avec plusieurs autres dames anglaises pour se consacrer au soin des soldats blessés ou malades de l'armée expéditionnaire.

» La Russie, à son tour, s'est empressée de nous emprunter nos Sœurs de Saint-Vincent-de-Paul et de suivre le noble exemple donné par la France, en envoyant, elle aussi, à son armée de Crimée, des Religieuses infirmières. Bien que la Russie ait toujours eu des Ordres religieux d'hommes et de femmes, c'est la première fois qu'une congrégation de Sœurs se dévouant spécialement aux œuvres de charité apparaît dans l'histoire du schisme russe. »

XI.

La religion fait affronter la mort et double le courage.

« On admire beaucoup à Constantinople la sollicitude du gouvernement français, qui a voulu que les malades et les blessés de nos armées reçussent les consolations et les soins des Sœurs de charité. A la première apparition du fléau, les missions de Smyrne et de Constantinople s'empressèrent d'en envoyer aux ambulances et aux hôpitaux du Pirée, de Gallipoli, de Constantinople et de Varna. Leur dévoûment a singulièrement édifié et réconforté nos soldats. Aussi, l'une d'elles ayant eu le bonheur de succomber, à la fleur de l'âge, aux attaques de la maladie qu'elle était venue braver auprès d'eux, l'armée voulut s'associer à la douleur générale en envoyant à son convoi une escorte de grenadiers et de chasseurs qui portèrent sa bière à tour de rôle sur leurs épaules au milieu de la foule des protestants, des schismatiques et des musulmans, émerveillés de ce spectacle. La couronne blanche déposée sur la croix du drap mortuaire apparaissait bien à tous comme la couronne du martyre. »

On écrivait de Damas, le 8 juin 1855 :

« Une de nos Sœurs de charité, la Sœur Thérèse, est décédée avant-hier, à neuf heures et demie du matin.

» Ses obsèques ont eu lieu hier, à quatre heures de l'après-midi. C'était un deuil général. On évalue à plus de dix mille personnes la foule immense qui', au dedans et au dehors de la ville, assistait à cette triste cérémonie. Chrétiens de toutes les communions, musulmans et juifs formaient autour du cortége une masse compacte et recueillie. Le corps consulaire et des officiers envoyés par les autorités civiles et militaires accompagnaient le convoi. Un détachement de chasseurs ottomans, envoyé avec un sympathique empressement par le général en chef intérimaire, Izzet-Pacha, formait la haie. Les clergés de tous les rites catholiques précédaient le cortége, ainsi que les enfants des deux sexes des écoles françaises. C'est un touchant usage qui existe en Orient de porter sur les épaules des assistants le cercueil jusqu'à la dernière station. Des milliers de bras se disputaient cet honneur. »

XII.

L'hérésie ne peut inspirer le dévoûment comme la foi catholique.

« Un journal protestant oppose le dévoûment de mistress Nightingale et de ses compagnes au dévoûment de nos Sœurs de charité. « Ce fait, dit-il, démontre que le catholicisme romain et ses Sœurs de charité n'ont pas le monopole du dévoûment.»

» Nous sommes loin de méconnaître ce qu'il y a de généreux et de dévoué dans la résolution prise par mistress Nightingale et par les infirmières qu'elle s'est associées. « Ces dames , disait avec une simplicité tout évangélique une des jeunes Sœurs catholiques qui les accompagnent, font un sacrifice que Dieu bénira certainement. Nous autres, nous étions mortes au monde ; le dévoûment est pour nous un devoir de toute la vie. Elles ont quitté pays et famille, quelques-uns même leurs propres enfants. Elles ont bien du mérite. Aussi croyez que Dieu les bénira. »

» Il y a dans ces paroles la véritable différence qui distingue la charité catholique des résolutions généreuses que peut inspirer aux ames naturellement nobles le spectacle des grandes souffrances à soulager. L'Eglise catholique non seulement inspire des dévoûments temporaires et de circonstance, mais elle a créé et maintient des institutions dont la charité est la loi, et le dévoûment un devoir perpétuel. Que l'on nous montre une Sœur grise formée par le protestantisme ! »

Ami de la Religion.)

« Les protestants nous envient nos Sœurs de charité, dit M. l'abbé Mullois, c'est leur désespoir. Mais ce fruit ne peut mûrir que sous la bienfaisante chaleur du catholicisme.

» Il y a quelques années, un riche et savant Anglais vint à Constantinople pour étudier l'admirable institution de Saint-Vincent de Paul et l'implanter ensuite dans l'anglicanisme. Il va, il vient, il fait des plans, des calculs... Il veut des Sœurs de charité... A tout prix il lui faut des Sœurs de charité... Pour en créer, il est disposé à tous les sacrifices... Il s'adresse à un prêtre vieilli dans l'apostolat des ames : « Quelle est, lui dit-il, la recette pour faire les Sœurs de charité ? — Premièrement, ré-

pondit le prêtre, il faut le vœu de chasteté. — C'est difficile, mais nous le pouvons. Après. — Il faut la communion.—C'est encore possible. — Il faut la confession...—
C'est impossible.... Mais à votre compte il faudrait être
catholique ? — Vous l'avez dit. »

XIII.

Cela n'empêche pas de se battre.

Autrefois, avant de livrer un assaut, le général accor-
dait à son armée quelques moments pour se recueillir.
Les troupes sous les armes restaient pendant cinq mi-
nutes dans un profond silence. En cet instant solennel
où la mort ouvrait à tant d'ames les perspectives éternelles, que d'impressions, que de souvenirs, que d'es-
pérances se pressaient au cœur de tous ces braves gens !
Que d'existences allaient se purifier au feu de la grâce
divine ! Puis tous les fronts s'inclinaient sous la main du
prêtre, et l'absolution générale descendait, au nom du
Ciel, sur ces ames élevées en haut qui allaient puiser
dans le mérite d'une mort héroïque pour la patrie, un
titre particulier à l'admiration des hommes et à l'indul-
gence divine.

Coutume admirable et tout à fait chrétienne ! Mais
si l'esprit des révolutions l'a effacée, le soldat fidèle à son
devoir n'est pas moins empressé à se recueillir et à se
recommander au Dieu qui va peut-être le recevoir dans

son sein : on dirait que la présence divine est déjà sensible à son ame chrétienne. Un jeune officier des chasseurs de Vincennes s'inclinait et faisait le signe de la
croix avant de s'élancer contre l'ennemi : « Cela n'em-
pêche pas de se battre, » disait-il à quelques-uns qui pa-
raissaient surpris de son action ; et il mourut un jour
après avoir reçu plusieurs blessures et refusé de quitter
le champ de bataille.

XIV.

Le bouton missionnaire.

Avant de terminer cette première série de faits religieux de l'armée d'Orient, qu'il nous soit permis de rendre hommage au clergé. Son zèle et son dévoûment préparaient depuis longtemps dans l'armée le mouvement
religieux dont l'éclatante manifestation frappe tout le
monde aujourd'hui.

Voici un exemple, choisi entre mille, de ce zèle et de ce
dévoûment.

Il y a quelques années, un ecclésiastique distingué,
aujourd'hui évêque de B..., était vicaire-général dans
une ville des plus importantes par sa nombreuse garnison. De temps en temps il adressait aux dames de la cité
quelques instructions familières sur la bonne tenue de
leur maison, et il le faisait avec cette haute raison, cette

connaissance du monde (1), cette éloquence simple et naturelle que donne au véritable chrétien l'étude du cœur humain. Il ne craignait pas d'entrer dans les détails, en apparence, les plus minutieux; car, pour la charité, rien n'est indifférent : elle élève tout ce qu'elle touche, et elle sait que les petites vertus sont le péristyle des grandes vertus, comme les petites fautes forment bien souvent la route qui mène aux grandes fautes et aux crimes. Il disait : « Pour rendre la religion aimable à vos frères, à vos pères, à vos maris, ne négligez aucun soin et prévenez leurs demandes ; par exemple, si vous remarquez un de leurs vêtements en désordre, n'attendez pas qu'ils vous le présentent pour le réparer avec soin... » Dans l'auditoire se trouvait la fille d'un officier d'artillerie, jeune personne douée d'excellentes qualités, parmi lesquelles cependant lá prévenance ne brillait pas au premier rang. Frappée du discours qu'elle venait d'entendre, elle s'empresse au retour de *faire l'inspection* des habits de son père qui la surprend dans cette occupation. Passer la revue des vêtements qu'il portait, y remarquer l'absence d'un humble bouton, offrir de rétablir aussitôt

---

(1) Il s'agit de ce bon sens pratique qui s'applique à tout dans la vie, et que Bossuet appelait le maître de la vie humaine ; il s'agit également de cette connaissance du monde que Massillon avouait avoir puisée dans son propre cœur, à ceux qui s'étonnaient qu'il connût si bien le *monde* sans l'avoir fréquenté.

l'ordre troublé dans l'économie du costume paternel, tout cela fut pour l'excellente demoiselle l'affaire d'un instant.

Le capitaine ***, surpris et charmé tout à la fois de cette prévenance à laquelle il n'était pas habitué, en demande la cause ; il veut savoir quel est *le mortel assez bien avisé* pour avoir inspiré à sa fille cet empressement inaccoutumé. Ce ne fut pas sans rougir que Mlle *** fit une confession qui amena cette réponse : « Cet Abbé a du bon, je veux le voir et le remercier au plus tôt. »

Ce qui fut dit fut fait, et bientôt s'établit entre l'officier de la milice spirituelle et celui de la milice terrestre un entretien plein de franchise, qui dissipa dès l'abord bien des préjugés et aboutit à une demande en règle d'instructions spéciales pour les militaires qui en manquaient complètement. « Je suis à vos ordres et à ceux de vos amis toutes les fois que vous aurez besoin de mon ministère, répondit l'ecclésiastique. — Monsieur l'Abbé, je demande davantage : ce seraient des conférences réelles et publiques comme les belles instructions que vous donnez à nos dames ; et, pour ma part, je me charge d'amener au moins cent de mes camarades au jour et au lieu que vous voudrez bien fixer. » En effet, les conférences se tinrent avec tant de succès, et le concours des auditeurs fut bientôt si considérable, qu'on fut obligé de choisir un local plus vaste pour contenir la foule empressée et recueillie. Avec les officiers vinrent les sous-officiers, puis les simples soldats ; et la discipline n'eut rien à souffrir de cette égalité devant la parole du Dieu des armées.

Les heureux résultats qu'obtint le prédicateur, on les comprend ; aussi, lorsque M. l'Abbé *** fut promu à l'épiscopat, les militaires de la garnison, pour lui témoigner leur reconnaissance, s'empressèrent d'offrir au nouvel évêque de riches ornements épiscopaux ; précieux souvenirs, au cœur du prélat, moins toutefois que le succès évangélique de sa parole, le seul qu'il ambitionnait ; touchante preuve de cette alliance intime et tacite qui existe entre ces deux soutiens de l'ordre social : le prêtre et le soldat !

Un écrivain du dernier siècle a donné une histoire toute marquée au sceau de la Providence sur les *grands évènements produits par les petites causes* (A Richer). A quoi tient aussi la conversion des ames, ce grand évènement du monde religieux qui réjouit les anges ? Quelquefois *à un rien*, à un bouton détaché, si vous le voulez ; tant la grâce et la nature sont unies par des liens intimes et mystérieux, tant il est vrai que Dieu se sert de tout et n'a besoin de rien pour atteindre avec force et douceur la fin que se proposent sa justice et sa bonté. O Providence !

Lyon.—Imprimerie d'Ant. Perisse

www.ingramcontent.com/pod-product-compliance
Ingram Content Group UK Ltd.
Pitfield, Milton Keynes, MK11 3LW, UK
UKHW021001230726
13924UKWH00009B/1091